AF450348

LOI D'ÉLECTION,

DU BUDGET,

ET

DE L'ADMINISTRATION.

Quand donc s'occupera-t-on du peuple? La noblesse est chassée, des noms nouveaux sont à sa place. Une classe de 80 mille personnes les a fournis. Elle va généreusement, dit-on, en appeler dans son sein deux cent mille autres, et tout sera dit. Applaudissez, vous qui restez dehors. Le peuple est souverain. Vous êtes 32 millions, nous 280 mille : mais c'est nous qui serons le peuple.

On conviendra qu'il peut rester quelque agitation dans les esprits, quand c'est là tout le fruit qu'on tire d'une révolution faite par la force. Il est clair qu'une immense population est privée de ses droits, et pourtant chaque Français a les siens : ils sont dans le tribut qu'il apporte à la Patrie, non dans l'importance de ce tribut. Pourquoi donc ne pas vouloir qu'il les exerce, qu'il concoure pour sa part de souveraineté à la délégation qu'il en faut faire? — Mais les masses à réunir deviennent immenses. Les choix ne peuvent plus se faire que dans le désordre. — Eh bien, qu'on nomme d'abord des électeurs; que ceux-ci nomment à leur tour des députés. Parce qu'elle a été adoptée par l'assemblée constituante, cette double élection semble répudiée par tout le monde; personne ne daigne seulement en parler. C'est pourtant la seule en rapport avec la souveraineté du peuple. Par elle seule tout pouvoir émanera de lui, et il le faut, puisqu'il est souverain. — Mais voyez ce que produisit il y a quarante ans ce système.—Il a mis en lumière les plus admirables talens, les cœurs les plus chauds pour la patrie. C'est la coalition des rois qui a causé toutes les violences; sans elle le cours de la révolution était paisible, et pourtant alors, vous le savez, le peuple ne possédait rien.—Mais ces assemblées primaires seront trop facilement gagnées dans les campagnes par l'ancienne aristocratie.—Je crois, moi, qu'après de si longues tourmentes, tout un peuple n'a de sympathie que pour les hommes dignes de le conduire. Que la classe moyenne se rassure donc. Il choisira dans son sein, si c'est en effet là que résident les lumières, le patriotisme, la sagesse. Mais s'il les trouve au dessus ou au dessous, quel mal à ce qu'il les y prenne? Parce qu'à peine les fonctions publiques vacantes, quelques habiles s'y sont subtilement glissés, est-ce à dire que la souveraineté du peuple est à jamais concentrée dans leurs rangs, qu'elle est devenue leur droit ; que la confier à toute autre main, noble ou pauvre, c'est mettre en péril la Patrie ? Beaucoup de nobles, je le sais, regrettent l'autre dynastie ; mais ce ne sera certainement pas ceux-là qui seront élus. Quant au pauvre, vous voulez, dites-vous, qu'il n'ait point de souveraineté s'il ne la paie ? Soyez plus francs ; vous voulez qu'il n'en ait point. Eh bien ! cessez de la lui faire payer. Chacune des denrées de première nécessité qu'il se procure cache un impôt à ses yeux. Le tiers, la moitié peut-être de son salaire lui sont ainsi enlevés. Otez-lui ces impôts, ou qu'il élise. S'il n'a pas besoin, je le veux croire, d'exercer des droits politiques, il a, certes, besoin de bien être ; il a besoin de n'être pas plus écrasé, avec sa liberté, qu'un peuple despotiquement gouverné ; il a besoin que cette liberté soit réelle, de vendre, d'acheter, de fabriquer, de faire, en un mot, tout ce qui peut lui être utile et ne point nuire aux autres, sans être arrêté, visité à chaque pas, sans courir à deux cents lieues de chez lui, ou sans perdre des mois, des années, pour avoir la permission d'exécuter les moindres choses qu'il projette. Otez-lui ces charges, ces entraves, et vous verrez si les symptômes d'agitation continuent. Quel développement cette vraie liberté donnerait, au contraire, à la prospérité de tous !

Je vais commencer par examiner notre système d'impôts et de dépenses, d'après les budgets que présentait l'ancien gouvernement ; car c'est ce système qui influe le plus réellement à mon sens sur la crise publique. Sans trop d'innovations, j'indiquerai des économies faciles, des opérations avantageuses, une taxe équitable pour les pauvres, impartiale pour les riches, d'une perception peu coûteuse, à la place des impôts inégaux, vexatoires, qui nous coûtent si cher à recouvrer. Je parlerai ensuite du seul système d'administration, de la seule loi électorale qui me paraissent en harmonie avec le principe qui doit tout régir, et si ce travail obscur renferme quelques vérités, je m'estimerai heureux d'avoir un peu servi aux discussions qui se préparent.

IMPOTS.

L'impôt *foncier* se présente le premier. Il frappe les terres et les maisons, et, en y comprenant les centimes additionels qui, variés chaque année, le portent pour celle-ci à une moitié en sus de ce qu'il a été dans le principe, il prélève sur 1670 millions, qui forment, dit-on, en France la totalité des revenus de ce genre de propriété, environ 244 millions, ou $1/7$. — Cet impôt est juste. On sent que c'est à ceux qui possèdent qu'il convient de s'adresser d'abord pour les dépenses communes, puisque ce sont eux qui en retirent le plus de fruit, soit dans la sécurité qu'elles procurent à leur possession, soit dans le développement qu'elles leur permettent d'y donner. D'ailleurs, tout pesant qu'il est, ceux qui le paient ne peuvent s'en plaindre; car, ou ils ont reçu de leur père le bien, et sa dette à la fois, et n'ont, par conséquent, point de droit à l'un sans payer l'autre, ou ils ont acquis ou construit avec la connaissance de ce qu'ils auraient à supporter; et dans l'emploi qu'ils ont ainsi fait de leurs capitaux, cette part du Trésor public a été mise par eux en ligne de compte. Mais par cette raison là même, que l'impôt foncier est inhérent à la propriété immobilière, et non aux personnes entre les mains desquelles elle passe, il ne devrait pas varier sans cesse. Ses produits sont assez exposés à changer, soit par les saisons bonnes ou mauvaises, soit par les mouvemens de la société; il faudrait qu'à ces changemens près, on sût ce que l'on possède, et que la fraction de revenu due à l'État fût fixée invariablement. Ce principe à établir n'est pas la seule modification que réclame le système de cet impôt. Le septième qu'il présente sur la totalité des immeubles de France n'est pas également payé par tous ceux qui se les partagent ; c'est une moyenne. Elle résulte de fractions bien différentes les unes des autres, car elles vont depuis $3/16$, pour le département de la Seine ; $3/18$ pour trente-trois autres départemens ; $3/20$ pour dix-huit autres ; jusqu'à $3/32$, et même $3/34$ pour un petit nombre de départemens plus heureux.

Il se conçoit qu'au moment de l'incorporation de chaque province à la France, on ait d'abord fait pour elles des conditions particulières ; mais, après que toutes les parties de cette agglomération sociale ont joui également, et tant d'années, des bénéfices de sa force, après que leur ensemble a subi lui-même tant de révolutions, il n'y a vraiment pas de convenances à ce que les dépenses qui profitent à tout le corps ne soient pas fournies, dans une proportion uniforme, par tous ses membres.

Il est vrai encore que quelques uns de ces pays privilégiés se prétendent aussi chargés que ceux qui le sont le plus, parce que, disent-ils, les propriétés qu'ils contiennent ont été mal évaluées ; mais que le cadastre, qui a déjà rectifié les évaluations de $2/3$ de la France, achève, le plus promptement possible, la rectification du reste, et qu'après, la portion de l'État, une fois fixée, soit la même à toujours, la même pour tous.

L'impôt foncier, tel qu'il est en ce moment, donne,

ainsi que je l'ai dit, 244 millions par an, et en rendra au moins 260, après la réforme que j'indique. Il coûte à recouvrer près de 10 millions; cela est cher; mais pourtant les percepteurs ne sont que bien strictement rétribués, et quant aux receveurs-généraux, à qui ils versent leurs rentrées, il est nécessaire qu'ils soient riches, soit pour la sécurité du Trésor, soit pour faire au besoin des avances, quand les recouvremens se font attendre. Je ne vois donc rien à faire de ce côté-ci; je m'arrête au taux qui doit produire ces 260,000,000; c'est-à-dire aux 15 % qui sont en ce moment perçus. Pendant un certain temps, la propriété a payé bien davantage, sans souffrance pour ses maîtres, et sans renchérissement dans les prix des grains. On peut donc sans nulle inquiétude adopter ce taux.

Le *personnel* et le *mobilier* viennent ensuite : l'un est le tribut que chaque habitant doit à l'État, pour la protection assurée à sa personne et au libre exercice de ses droits; il est de trois jours de travail. Par l'autre on a cherché à atteindre les capitaux, les rentes, les industries productives, qui doivent assurément contribuer aux charges publiques comme les immeubles, car elles ont besoin, comme eux, d'ordre et de tranquillité, et ces richesses étant fugitives et d'une appréciation presqu'impossible, on a imaginé d'asseoir leur redevance sur ce qui pouvait offrir l'indice le plus près de la vérité, c'est-à-dire sur la dépense que chacun met à son loyer.

Le ministre des finances actuel vient de présenter, sur les bases dont on se servait pour ces impôts, une modification qui les améliore déja beaucoup, mais qui n'atteint pas encore entièrement à mon gré le but qu'il fallait se proposer.

Rien de mieux que d'avoir supprimé les contingens fournis par chaque département en raison de ce que payait avant 1791 chaque province, et de les avoir remplacés par l'application d'une loi commune à chaque contribuable en état de la supporter. Rien de mieux encore que d'avoir établi plusieurs prix pour les trois journées de travail, qui composent la taxe *personnelle*, et de n'avoir eu égard pour ce tarif, qu'à la masse de population agglomerée dans chaque localité, au lieu de se jetter dans des catégories de profession, qui en principe ne doivent pas changer l'obligation du contribuable, puisque s'il exerce un métier plus productif, il doit en général, avoir plus dépensé de temps ou d'argent pour l'apprendre. Mais comment se fait-il qu'en admettant dans ces évaluations une distinction qui n'est que juste, car le travail d'un habitant d'un hameau de la basse Bretagne est assurément bien loin de ce que vaut le travail d'un habitant de Paris, comment se fait-il, dis-je, que pour les loyers, qui servent de base à la contribution *mobilière*, on n'ait tenu aucun compte de la différence de proportion qui existe, suivant la position de chacun, entre son revenu, et ce qu'il consacre à son logement? Les petits loyers sont à des individus obligés de prendre de quoi se loger, sur un salaire qui suffit à peine à les nourrir. Les locations moyennes sont une portion moindre de la dépense de ceux qui les occupent, et dans la classe la plus élevée, c'est encore moins. Il aurait donc fallu, ce me semble, pour atteindre véritablement les contribuables en raison de leurs facultés, former au moins quatre classes de loyers, d'après leurs prix : la première au dessous d'une certaine somme, et qui ne paierait rien ; la deuxième de telle à telle autre somme, et qui paierait, si l'on veut, les 6 centimes énoncés par M. Laffitte; la troisième de telle à telle autre, et qui serait frappée de 8 centimes; la quatrième enfin, qui, supposant un revenu de 10 fois ses prix, en donnerait 10. — Le préfet aurait déterminé dans chaque département les prix à renfermer dans chaque classe.

De plus, il aurait fallu dans les campagnes frapper la valeur locative des bâtimens d'exploitation. Sans cela, comme de très gros fermiers n'occupent personnellement dans d'immenses bâtimens qu'une petite chambre, la loi proposée fera justement un effet contraire à celui que l'on doit vouloir. Elle déchargera ces gros fermiers qu'atteint le système de répartition tel qu'il est dáns ce moment, et elle écrasera les pauvres paysans qu'il épargne.

Revenant au *personnel*, une réflexion se présente

à la seule énumération des cotes qui jusqu'à présent l'ont payé. Elles ne sont que 5,250,000 sur 32 millions d'habitans. Dans le recensement que l'on va faire, on va, bien entendu, laisser de côté les indigens; mais les domestiques, les ouvriers, qu'en fera-t-on ? Les négligera-t-on comme par le passé? Ils ne peuvent donner de journées, puisque de leur travail consacré à d'autres, ils ne tirent pour eux que de quoi vivre. Mais celui qui commande leur travail, qui compose ses profits d'une différence entre ce qu'il en obtiendra, et ce que la nécessité les force d'accepter de lui, qui fait de chaque ouvrier une machine ; pourquoi ne lui demanderait-on pas la redevance de chacun des individus qu'il tient ainsi dans l'impuissance de la payer? Dira-t-on que, sans lui, cette foule qu'il occupe serait plus misérable? La France est assez grande, et plus d'un quart de son sol assez médiocrement cultivé, pour que les bras qui voudraient du travail en eussent toujours. Si l'industrie qui les détourne de l'agriculture nous manquait, s'il est utile de l'exercer, elle doit supporter sans périr cet impôt de trois journées. Si elle est mauvaise, à quoi bon la soutenir en les lui abandonnant? C'est assez des douanes que l'Etat entretient pour la protéger. Il ne faut pas d'autre sacrifice; ou au lieu de servir l'Etat, le manufacturier le met véritablement en perte. — Une seule objection pourrait arrêter. C'est que chaque augmentation dans les dépenses du fabricant sera en définitive payée par le consommateur. Mais s'il n'élève le prix de ses produits que de cette augmentation de dépense, ce sera bien peu de chose; et quant à l'élever davantage, la concurrence l'en empêchera bien. M'objectera-t-on l'état de souffrance où sont déjà, sans cette charge, tant de nos manufactures? Cela vient précisément des bénéfices trop forts que les premieres établies ont pu faire, du nombre de concurrens que l'envie de gagner autant a attirés, et de ce qu'une fois la production trop forte pour les besoins de la société, il faut bien que beaucoup de chûtes la ramènent à ce qu'elle doit être pour prospérer.

Je demande pardon d'avoir développé cet article. Mais pourvu que leur nombre soit en rapport avec la consommation, les manufacturiers se composent des fortunes trop colossales en absorbant, comme je l'ai dit, le travail de beaucoup d'individus, pour que de pareilles disproportions et l'aristocratie qu'elles font d'eux soit une bonne chose. Je n'en veux pour preuve que le pays où ces résultats ont été poussés le plus loin. — De plus, notre Chambre des Communes s'est laissé tomber récemment, par entraînement, dans une telle faute, en appliquant les deniers de l'Etat à maintenir une concurrence de fabrication déjà trop grande, que je n'ai pas cru pouvoir trop attaquer les idées qui la lui ont fait commettre. Cela me dispense d'ailleurs de parler du commerce et de la banque, qui s'ils emploient comme font les fabriques, beaucoup de citoyens, ne doivent pas moins qu'elles payer pour eux ; de la finance, qui est dans le même cas, et surtout de toute la classe d'habitans assez à son aise pour avoir des domestiques.

Les directeurs de contributions doivent être sévères pour la finance, soit quant à l'impôt personnel, soit quant à l'impôt mobilier, car ses profits consistent le plus souvent à prendre à tout un pays ce qui se blâme entre particuliers, je veux dire un intérêt un peu trop haut ; et s'il y a des manufactures estimées ridiculement 5 et 15 francs, qu'il faut porter enfin à leur valeur, elle a des palais où le luxe a enfoui des millions, et qui ne paient qu'une taxe minime, par suite d'un *maximum* de loyers adopté, je ne sais pourquoi, comme base des contributions dans Paris. Mais le personnel qui doit être le plus sévèrement exigé, c'est celui sur les domestiques : il doit être double des autres ; car leur temps est dépensé à pure perte pour la jouissance de leurs maîtres, tandis qu'au moins les ouvriers produisent. Ce n'est qu'ainsi que les choses seront vraiment égales pour tous, et qu'on sortira un peu de la nécessité d'écraser toujours les plus pauvres.

Voyons maintenant ce que reproduiront ces deux impôts. Pour le personnel, il existe 5,250,000 cotes, donnant ensemble, avec les centimes additionnels, une somme de 17 millions, que M. le ministre des finances espère porter, par sa modification, à 22. On en aura plus de 30 avec la mienne ; car le nombre de cotes atteint par lui n'est que de 6000 , et il s'élèvera sans doute à 10. A l'égard du mobilier qui donnait 24 millions , et que M. Laffitte porte à 33 , il en produira au moins 36 au moyen des distinctions de loyer que j'établis , et ces deux augmentations ne pèseront que sur une classe en état de la supporter. Aussi reviendrai-je sur cette contribution, pour en tirer d'autres produits, quand j'aurai parlé des *portes* et *fenêtres* et des *patentes*. Car c'est de l'ancienne et très mauvaise assiette de l'impôt sur la richesse mobilière qu'est née l'invention plus mauvaise encore de beaucoup d'impôts indirects, avec lesquels on a pressuré le peuple, invention qui n'aurait pu se soutenir un an, sans ce travail forcé qui distrait continuellement le pauvre de son intérêt, et aussi sans cette admirable patience à laquelle a succédé dans la victoire une si généreuse modération.

L'impôt sur les *portes* et *fenêtres* est rectifié par le ministre de la seule manière qu'il fût juste d'adopter, c'est-à-dire en raison du nombre des ouvertures qui, dès 1822, s'étaient portées à 32 millions, et vont sans doute aujourd'hui à 40, au lieu de 22, qui est le nombre sur lequel on continuait de percevoir. Il n'est pas douteux que cet impôt produise ainsi à l'avenir 26 millions de francs au lieu de 15 qu'il donnait.

L'impôt des *patentes* ne paraît pas non plus nécessiter de changemens, quant aux élémens dont il se compose. C'est un droit fixe, réglé par un tarif, d'après l'utilité de l'industrie qu'il frappe, et la population de la commune où elle s'exerce, puis un droit proportionel, calculé au dixième du loyer : il serait difficile de trouver mieux. Mais ce tarif a besoin d'être revu sous le rapport des populations comme sous celui des sept classes dans lesquelles les diverses professions sont réparties. Beaucoup de communes sont devenues plus populeuses ou ont assez gagné en aisance pour être assimilées à de plus considérables. Beaucoup de professions n'existaient pas à l'époque où la loi fut faite, ou bien en se développant elles ont acquis une importance dont elles n'avaient pas été crues susceptibles. Il est donc à propos de changer le rang des communes et des professions mal classées : parmi celles-ci, par exemple, il est évident que les marchands de vin doivent tout à fait changer de place, puisque la suppression de l'impôt des boissons doit leur procurer une extension inouie. Ce déplacement, et celui d'autres métiers qui ont été mal appréciés, peuvent, réunis à un semblable travail sur les Communes, sans changer le droit imposé à chaque classe, procurer une augmentation de 7 à 8 millions de francs.

Ils ne sont pas comme on voit à négliger. Au lieu de 27 millions qu'a énoncés M. Laffitte, nous en compterons 35.

Ici trouve place un aveu qu'il faut bien faire : c'est que les valeurs locatives énoncées dans les rapports de MM. les ministres, y compris M. Laffitte, comme si elles étaient parfaitement connues, ne le sont point, qu'il n'existe sur elles que des notions fort incomplètes dans les départemens non cadastrés, et que le travail auquel on se livre à cet égard actuellement excite dans quelques uns d'entre eux un mécontentement assez vif. Je pense qu'il peut s'achever tranquillement avec le temps. Mais il le pourrait surtout, s'il s'opérait par l'agent du trésor, de concert avec des conseils communaux nommés, comme ils le seront sans doute, par le peuple, au lieu d'être terminé par des arrêtés de préfets, sans autre droit pour les maires que celui de simple observation. — A mon avis, c'est seulement ainsi que des changemens si importans dans notre système d'impôts sont à l'abri de tout orage, et je m'étonne qu'avec le respect de M. Laffite pour les intérêts des masses et l'intérieur de chacun, il n'ait pas pensé, pour adoucir cette investigation, à en faire en quelque sorte une affaire de famille. Ce sera encore plus nécessaire si l'on augmente l'impôt personnel en raison du nombre des ouvriers et domestiques. Tout juste qu'il est, si les conseils communaux n'avaient pas seuls le droit de l'appliquer, il ne faudrait certainement pas y songer.

D'après ce qu'on vient de lire, les quatre contribu-

tions appelées directes parce que l'État s'adresse directe-
tement aux contribuables pour les recevoir, pourraient monter à 387 millions environ au lieu de 329, et
il ne faut pas dire qu'en chargeant de toute cette augmentation seulement les classes élevées et les moyennes, on nuit à la circulation, en rendant leur consommation moins forte. Car à coup sûr, je le repète, elles
ne sont pas encore atteintes autant qu'elles peuvent
et doivent l'être. Voici maintenant, pour y arriver,
la modification dont j'ai dit tout à l'heure que je par-
lerais et qu'il faut encore faire à l'une de ces contributions, la *mobilière*. L'impôt de 6 centimes par cent
francs mis par M. le ministre sur les loyers, est
bien tout ce qui peut se demander à un homme qui
a déjà payé un impôt foncier ou qui est atteint dans
son industrie par la patente. Mais ce n'est pas tout
ce que doit payer le capitaliste, qui vit sans travail
avec un revenu tout fait, et échappe à toutes les
charges publiques, tout simplement parce qu'il a
mis sa fortune en lettres de changes, en rentes, en
obligations, au lieu de la mettre en immeubles. Et
le courtisan qui, grâce à la faveur du maître, vit de
la sueur du peuple? Et le fonctionnaire magnifique-
ment rétribué? Et l'artiste à qui un coup de crayon,
une roulade, un rond de jambes valent de si brillans
revenus? J'allais dire aussi l'écrivain. Mais l'abondance est là si rare que j'ai honte de l'attaquer.

Or les immeubles paient, comme on a vu, 15 centimes par franc de leur revenu. Pourquoi le capitaliste,

le courtisan, le fonctionnaire ne paierait-il pas autant
que le propriétaire foncier? Pourquoi l'artiste, en
laissant une part au désordre qui accompagne si souvent le génie, n'en paierait-il pas la moitié? Leur revenu n'est pas au soleil comme l'immeuble; mais il
est facile à deviner par le loyer. Nous avons vu les
différentes estimations qu'on peut faire d'après l'importance de cette nature de dépense. Appliquons-
les. Multiplions par 10, par 8 ou par 6, suivant leur
classe, les loyers que nous connaissons, et, pour tous
ceux que ne frappent ni l'impôt foncier pour la totalité du revenu ainsi découvert, ni les patentes, au lieu
de prendre 6 c. sur ces loyers, asseyons-en 15 sur les
produits de nos multiplications, ou sur la différence
entre eux et le revenu frappé par le foncier, 7 1/2
seulement quand nous aurons affaire à des artistes. Je
ne puis évaluer l'augmentation de produits que nous
obtiendrons de la sorte, parce qu'il faudrait pour
cela un recensement de tout ce qu'il y a de contribuables ne payant ni patente ni foncier. Mais ce
recensement est la chose du monde la plus facile à
faire; il n'y a pas de contestation possible, et il est
vraisemblable qu'il ne s'élèvera pas à moins de 50
millions par an; 5 à 6 millions pourront ainsi être
procurés; et comme ils seront pris à des consomma-
teurs improductifs, c'est-à-dire dont la dépense ne
produit que des jouissances pour eux, ce sera assurément l'impôt le mieux placé.

Les *enregistremens, greffes, hypothèques, tim-*

bres, droits de sceau, etc., rendent annuellement 184 millions. Le droit sur les obligations hypothécaires ou autres est leseul à supprimer en entier pour faciliter les emprunts et augmenter la circulation, en mobilisant autant que possible la propriété; mais pour le reste de cette branche des revenus publics, je ne vois rien à y changer. Elle n'est pas trop onéreuse, attendu que l'occasion d'y contribuer ne se représente qu'à de longs intervalles à chaque membre de la société. Ainsi le domaine rendra encore 182,500,000 fr. au lieu de 184 (1). Mais il contient un autre genre de produit qu'il ne peut conserver sans dommage. C'est celui qui vient de ses propriétés et qui s'élève à 12,500,000 f. par an. Certes il ne les doit garder que le temps nécessaire pour les bien vendre. Elles nécessitent une foule d'employés de toute nature, dont on fera ainsi l'économie. Puis les ventes auront sans doute lieu sur le pied de 4 pour cent, et comme nous avons une dette à 5 pour cent qu'elles nous mettront à même de diminuer si bon nous semble, l'État gagnera, tout en réalisant son capital, une somme annuelle de 2,500,000 fr.; il gagnera de plus sur ces mêmes propriétés, une fois sorties de ses mains, tous les frais de mutation auxquels donnent lieu les propriétés particulières, et cela ne peut s'évaluer à moins de 1 pour cent par an; ce qui, sur 300 millions environ, fait 3 millions. Ce sera donc en tout plus de 6, l'économie du personnel comprise.

(1) Les droits d'hypothèques, quoique très élevés, ou précisément pour cela, ne rendent que 14 à 1500 mille fr.

Laissons provisoirement le chiffre de 12,500,000 fr. porté aux budgets pour ces propriétés domaniales. Mais ne nous lassons pas de solliciter des ventes dont le résultat sera si utile.

Il en est de même pour les *forêts*. Elles donnent annuellement 22 millions, dont il faut déduire plus de 3 millions et demi pour entretien et personnel. Si elles étaient vendues, elles laisseraient à l'Etat, tout en lui rendant son capital, un bénéfice annuel de plus de 5 millions entre le taux auquel l'Etat vendrait et celui de sa dette à 5 p. %; puis, sur les mutations, une somme à peu près égale, c'est-à-dire en tout dix millions.

Il y aura toujours beaucoup d'objections fort plausibles, en apparence, contre cette opération. Deux mille cinq cents personnes, leurs familles et leurs relations, toutes intéressées au système actuel, font naturellement beaucoup d'échos. Elles ne manqueront pas de dire que les particuliers ne pensent qu'à jouir; qu'ils ne laissent pas aux arbres le temps d'atteindre un certain volume; que l'Etat les conserve autant qu'il faut, et que, s'il vend, nous serons bientôt à la merci des étrangers, non seulement pour le bois nécessaire à la construction de nos maisons, mais surtout pour notre marine, ce boulevard de nos côtes et de nos colonies. Mais qui ne sait que des réglemens spéciaux existent sur la matière? Qui ne voit que la conservation des bois de construction

étant une chose d'utilité publique, et les arbres rap-
portant d'ailleurs en vieillissant beaucoup plus que
toute autre source de revenu, le maintien de ces réglemens est une chose dont nul ne pourra se plaindre;
que, s'il faut augmenter encore les précautions pri-
ses contre la dévastation des forêts, le motif d'intérêt
public donne incontestablement à l'Etat le droit de
les prendre; enfin, qu'on pourra imposer aux acquéreurs telle condition qu'on voudra, et que par conséquent ce prétendu danger n'est qu'une chimère?
Insistons pour les forêts, comme pour les propriétés
domaniales, sur l'immense avantage de les vendre.

Les *postes* donnent 33 millions. Il n'y a rien à
dire sur ce produit. Les lettres et les places sont à
peu près réduites à ce qu'il est raisonnable d'exiger.

Les *douanes* et droits de navigation donnent
105 millions bruts. Elles font bien un mal réel au
plus grand nombre; car, en empêchant d'entrer en
France beaucoup de marchandises qu'on produit à
meilleur marché au dehors, elles empêchent à la fois,
pour quelques manufacturiers, la masse des con-
sommateurs, c'est-à-dire le peuple entier, de se procurer avec moins de richesse plus de jouissances, et
la masse des producteurs des denrées les plus communes, comme le vin, de vendre au dehors autant
de leurs produits qu'on leur en achèterait avec l'argent des choses entrées en France. Mais il faut con-
venir de deux choses: l'une, qu'un système de doua-

nes ne peut être abandonné sans une réciprocité entière de tous les pays avec qui nous sommes en rela-
tion. Car laissant venir tous leurs produits, eux con-
tinuant de refuser les nôtres, nous courrions grand
risque de voir sortir de chez nous tout le numéraire qui, s'il n'est la véritable richesse, en est
tout au moins le signe; et nous serions ainsi bientôt
privés de tous les avantages que son abondance et sa
rapide circulation procurent.

L'autre raison de maintenir les douanes est que,
si elles nous privent momentanément d'acheter certaines choses à meilleur marché au dehors, et nous
font ainsi payer trop cher un temps et des bras qui
pourraient, dans le moment, s'occuper plus utilement pour nous, elles nous conduiront plus tard à
avoir ces certaines choses du dehors à tout aussi bas
prix chez nous qu'en les y allant chercher; cette industrie intérieure, dont nous aurons protégé les pre-
miers pas, devant naturellement, avec un peu de
temps et d'expérience, égaler celle des étrangers. Il
faut donc garder cette barrière, mais seulement
pour ces industries capables de nous établir, après
un certain temps, les prix dont l'étranger se con-
tente; il faut bien en distinguer toutes celles que la
nature des choses empêcherait toujours de nous servir aussi bien que nous pouvons être servis. Il faut
surtout ne rien négliger pour faire supprimer enfin le plus grand nombre possible de prohibitions

étrangères, en supprimant simultanément les nôtres. Car c'est du plus grand et du plus libre échange de toutes les choses utiles ou agréables à l'homme que se compose en définitive le plus grand bien-être possible de chaque société humaine.

Indépendamment des droits sur ce qui nous vient des autres, les douanes perçoivent 54 millions sur le sel, c'est-à-dire, comme on le voit, sur une denrée que nous fournit notre sol, sur une denrée qui est en même temps de première nécessité. Il est depuis long-temps populaire de crier beaucoup contre cet impôt; mais je ne sais si sa suppression ferait tous les biens qu'on en attend. La consommation de sel de chaque individu est fort peu de chose : 15 livres par an, qui donnent 2 francs 25 centimes de droit. Ces 2 francs sur la dépense d'une année sont une charge bien légère, et on la diminuerait, que chaque individu ne pourrait certainement pas manger plus de sel. Mais, dit-on, chaque cultivateur pourrait en donner à ses bestiaux, cela corrigerait la crudité et l'insipidité de leurs alimens; ils se porteraient mieux et se multiplieraient, mangeraient bien davantage. Je crois à cette utilité de sel; mais je crois aussi que, fût-il pour rien, l'habitude de n'en point donner aux animaux les en privera long-temps en France; car il paraît que la consommation en augmenta bien peu, lorsqu'il y a quarante ans le commerce en fut tout-à-fait libre, et si, par conséquent, on supprime comme alors tout l'impôt, l'embarras que le Trésor éprouvera pour le remplacer ne profitera, je le crains bien, qu'aux propriétaires de marais salans. Toutefois n'encourons pas un reproche aussi grave que celui d'arrêter l'élève des bestiaux, cet article dans lequel nos voisins ont sur nous tant d'avantage. Qu'un mouton consomme autant de sel que chacun de nous, un bœuf cinq fois autant, cela ne fera, en réduisant le droit de moitié, qu'un franc par an pour le mouton, cinq francs par an pour le bœuf. A coup sûr, à ce prix, le pasteur peut donner du sel. Essayons-en. Cela fera dans le produit des douanes 27 millions de moins ; mais nos économies nous mettront à même de supporter ce vide.

La loterie donne 12,500,000 francs. On répète chaque année, pour faire de la philantropie, que la loterie est immorale ; mais consultez le peuple, il vous dira que cette espérance qu'elle lui offre lui plaît, qu'elle lui fait passer quelques douces heures. Prenez quelques informations sur le mal qu'elle a produit autrefois. Vous saurez que depuis l'élévation donnée aux mises pour ne plus arracher aux plus indigens leur subsistance ou aux domestiques leur morale, elle n'ôte plus qu'à ceux qui peuvent perdre. Laissons-la donc, comme les salines qui sont une propriété de l'État, comme les revenus des jeux que des particuliers trouveraient toujours moyen d'exploiter à leur profit dans une aussi grande société que la nôtre, si l'Etat ne les exploitait pas au profit de tous. Il y a après cela 26 millions environ qui sont à l'abri de tout reproche. Car c'est le fruit d'une bonne gestion de la caisse des dépôts, c'est l'intérêt de ce que nous doit l'Espagne, le produit des amendes, la vente d'objets qui tombent chaque année hors de service, enfin un composé de plusieurs petits impôts véritablement insensibles. Mais il nous reste à voir la partie de notre système la plus injuste, parce qu'elle pèse spécialement sur le pauvre ; la plus odieuse, parce que sa perception ne peut se faire sans des vexations à chaque instant renouvelées. Je parle des contributions indirectes. Elles donnent 206,225,000, et coûtent de personnel et de gaspillage de bureaux environ 25 millions ou 12 $\frac{1}{2}$ pour 100. On voit à cette seule énonciation combien une administration si nombreuse et si chère doit froisser à chaque instant les contribuables. C'est là qu'il faut porter l'examen le plus sévère et les suppressions les plus complètes.

Je conçois le droit sur les cartes qui sont assurément un objet fort peu nécessaire à encourager.................................... 536,000 f.

Le contrôle des métaux qui, en effet, doit être fait par l'Etat........ 1,435,000

Les droits de navigation, de passage d'eaux, de péage de ponts, qu'il est naturel de demander à ceux-là même qui en profitent............. 5,660,000

Le monopole même des tabacs et celui des poudres, qui rendent net, soit par vente, soit par licences.... 50,000,000

(En réduisant de 500,000 fr. les dépenses d'administration du tabac et de 100,000 celle des poudres).

Car le tabac n'est certes pas une chose de première nécessité, et la poudre n'est pas une chose à faire désirer que tout le monde s'en mêle.

Je comprends encore le droit à la fabrication de la bière, parce que cette boisson, indépendamment de ce qu'elle n'est pas celle de la grande majorité de la France, absorbe une certaine quantité de grains qu'il vaudrait mieux laisser à la consommation en nature, ci. 7,800,000

Encore celui des sels produits par les salines de l'est, parce qu'il faut bien que cette partie de la France soit traitée comme toutes les autres, ci, réduit à moitié...... 3,700,000 fr.

Mais cet impôt sur le vin et le cidre, qui fait payer au peuple une boisson générale, une consolation presque unique, trois fois plus cher qu'elle ne vaut; mais l'impôt des voitures publiques, qui rend partoute la France, plus rares et à la portée de moins de monde, des moyens de communication qu'il serait si utile de mettre à la portée de tous ; mais le dixième des transports, qui est là pour accroître encore le prix du roulage, tandis que l'absence de canaux rend déjà si onéreux en France tous les déplacemens ; mais le dixième des octrois qui sont comme les autres choses que je viens de dire une source intarissable de vexations, d'ennuis, et aussi de fraudes, qui ainsi n'entravent pas, ne dégoûtent pas seulement le peuple, mais encore le démoralisent ; mais enfin les timbres et menus frais dont tous ces différens droits sont la cause, et qui ne servent qu'à consommer, à pure perte, une matière dont on abuse tant, le papier, et à multiplier sans mesure une population de scribes inutiles, presque tous insolens à proportion de cette inutilité même ; Voilà ce qu'après une révolution faite par le peuple, je ne concevrais pas que l'on maintînt. Faut-il entrer dans tous ces détails, répéter ce qu'ont dit sur ce chapitre avec tant de raison et de clarté une foule de journaux et de brochures ? J'espère qu'on me dispensera de prouver après eux au peuple que sur 10 sous qu'il paie pour une bouteille de vin, il n'en est pas allé 3 dans la poche du pauvre vigneron, et que pendant ce temps-là le riche qui ne boit pas plus de vin que lui, mais qui le boit infiniment meilleur, paie 3 sous de droit au lieu de 6, sur un vin qui, au lieu de coûter

3 sous au vigneron, lui revient peut-être à 3 francs. Si c'est pour rester dans un tel rapport avec l'aristocratie de l'argent, des places, ou de la noblesse, que le peuple s'est agité quarante ans, qu'il a enfin délivré tout le pays, donné une grande leçon au monde entier, convenons que ce résultat n'est digne ni de si longues peines, ni d'un si brillant héroïsme. Répétons, répétons toujours qu'il a fallu bien de l'insouciance ou du mépris des hommes dans ceux arrivés depuis trente ans au pouvoir, bien de la résignation dans ce peuple si difficile, dit-on, à contenir, pour que de pareilles injustices se soient si long-temps maintenues. — Et puisque nous avons enfin un Roi pour tout le peuple, et non pour une armée ou une cour, profitons-en pour faire disparaître à jamais ces vestiges du despotisme.

Supprimons aussi l'*octroi*, cet autre impôt que chaque commune de plus de 5,000 habitans fait percevoir à ses portes. Qu'y a-t-il de plus odieux que ces commis de barrière, arrêtant, sondant les voitures, exigeant un droit sur une bouteille de vin, sur une cruche d'huile, sur une botte de foin, sur mille petits articles dont le détail décourage? qu'y-a-t-il de plus déplorable que les fraudes journalières auxquelles le bas peuple est conduit par l'exercice de cet impôt? Je sais qu'il est pour les communes le moyen de pourvoir à certaines dépenses locales. Mais pourquoi, sur les impôts directs, qui vont au gouvernement central, ne leur laisserait-on pas, pour tenir lieu d'octroi, une quantité plus considérable de centimes? C'est ainsi seulement qu'on arriverait à cette liberté entière qui seule peut donner à toutes les sources de prospérité de l'Etat, une force et une abondance jusqu'à ce moment inconnues.

RÉSUMÉ DES IMPÔTS QUI RESTERONT.

Les quatre contributions direc-
tes pourront donner environ........   392,000,000 f.
Les douanes........................   105,000,000
Le revenu actuel des forêts et
quelques bois de plus qu'à l'ordinaire, dans les coupes de cette an-
née..................................   23,500,000
Celui des domaines publics.........   12,500,000
L'enregistrement, le timbre, &.   182,500,000
Les tabacs et poudres, monopole
dont le mouvement de fonds s'é-
lève à 75 millions...................   50,000,000
Les sels, réduits à la moitié de
leur droit (nous verrons bien si
la consommation s'en élève)........   30,700,000
Les postes...........................   33,000,000
La loterie...........................   12,500,000
La bière, les cartes, le con-
                                       ____
                                       841,700,000 f.

Report............ 841,700,000 f.

trôle, la navigation., les passages
d'eau, les péages, les quittances,
amendes, etc. 16,000,000

Les salines de l'Est.............. 1,200,000

Les produits des jeux de Paris. 5,500,000

Les intérêts dûs par l'Espagne. 2,300,000

Les bénéfices faits par la caisse
des dépôts...................... 6,000,000

La contributions des communes
pour les postes rurales............. 900,000

Les amendes de police et de
douane (1)...................... 2,500,000

Enfin, quelques ressources éven-
tuelles départementales, la fabrication de la monnaie, les redevan-
ces des mines, les poids et mesures,
les indemnités pour militaires remplacés, les produits des choses
hors d'usage à vendre par les
ministres, le versement des invalides de la marine, les pensions de
La Flèche, de Saint-Cyr, quelques
recettes accidentelles non compri-
ses dans l'état...................... 6,500,000

Total......... 882,600,000 f.

(1) Les amendes des contributions indirectes supprimées
ne vont qu'à 900,000 fr.

DÉPENSES.

La dette publique consolidée tant en 5, qu'en 3, 4, et 4 1/2 p. %, est de............................ 207,831,409 f.

La dotation de la caisse d'amortissement......................... 40,000,000

La caisse d'amortissement reçoit de plus l'intérêt de 1,665,050 francs de rente, qui sont restés d'un crédit de 4,800,000 francs, négocié pour une portion seulement à MM. de Rotshchild frères. 1,665,050

Les pensions, le viager, les intérêts des cautionnemens, sont un objet de......................... 71,937,000

Voilà en dépenses sur lesquelles il n'y a pas de discussions possibles, et qui ne peuvent varier que par les décès des rentiers et pensionnaires......................... 321,433,459 f.

Nous allons voir à quel point tout le reste a été forcé sous l'ancien gouvernement, et combien nous pouvons gagner soit par une économie même bien peu sévère, soit par un meilleur emploi de notre argent.

Le ministère de la justice ne coûtait, il y a dix

ans , que 15 millions et demi , et les procès n'en allaient certainement pas moins. Il a consommé depuis cette époque, jusqu'à 19 millions dans une année. Ses demandes sont susceptibles d'une foule de réductions. L'administration centrale, entre cent vingt-cinq personnes , va à plus de 500,000 fr. , et certes moins de 400 mille suffiraient : car, indépendamment du gaspillage matériel et de l'élévation des traitemens des chefs de division , il se trouve dans la plupart des bureaux un chef et un sous-chef pour commander à deux ou trois commis. Le conseil d'État coûtait près de 600 mille francs, au moyen d'un luxe de membres et d'employés, à qui, sans nul inconvénient, on en retranchera facilement 200 mille. La Cour de cassation, les Cours royales, les tribunaux civils absorbent , non pas pour la magistrature ordinaire, mais pour les présidens et les avocats généraux , dont les traitemens vont jusqu'à 40 mille francs, une somme de 12 millions 600 mille francs qui ne doivent pas aller à 12 millions.— Les pensions sont sans nombre, quoiqu'elles dussent pour le bon ordre disparaître ou entrer dans la liste des pensionnaires de l'État ; et l'on se fait allouer pour avances de frais, dont on est remboursé par les plaideurs, un crédit de plus de 3 millions, tandis que les rentrées ayant lieu assez promptement, il n'est peut-être pas nécessaire pour cet objet d'avoir un million devant soi. Enfin on trouve dans le chapitre de la

3

justice une somme destinée à l'Imprimerie royale, et personne que ses chefs ne contestera que vingt de nos imprimeurs feraient aussi bien et mieux qu'elle. Comment donc ne l'aliène-t-on pas, pour peu qu'elle coûte à l'Etat? — Comptez. Avec 14 millions au plus, en y comprenant cette avance d'un million qui rentre toujours augmentée de 5 à 600,000 francs, il est clair que ce ministère doit supérieurement marcher.

Les affaires étrangères n'avaient autrefois que 6,500,000 francs. Elles en ont eu ensuite jusqu'à 14. Pourtant le gouvernement de Charles X ne nous en demandait plus pour cette année que 8. Son administration centrale comprend cent soixante-sept personnes; ses agens sont trois cent vingt-un. Les traitemens sont d'une prodigalité effroyable, les sinécures sans nombre; il y figure des bureaux entiers montés pour ne rien faire; une somme énorme destinée à des dépenses secrètes et dont on ne revoit jamais un sou, des dépenses d'agens admises avec la facilité la plus dangereuse, une recette, celle des passeports, dont le compte n'est pas rendu. Que ce ministère fasse tout connaître. On verra qu'avec 6 millions bien employés, il sera encore en mesure de faire représenter au loin la France avec plus de luxe qu'il n'en faut certainement pour faire respecter sa puissance.

LES CULTES ET L'INSTRUCTION PUBLIQUE.

Nous voilà au ministère sur lequel il y a le plus à dire. Il ne coûtait sous l'Empereur que 15 millions.

Les prélats ne cessaient de l'en remercier, et nous avons été insensiblement amenés par les Bourbons jusqu'à en payer près de 40.—C'est un peu fort; examinons sur quoi on a appuyé ces demandes.—Trois mille trois cents curés de paroisses, et vingt-six mille sept cent soixante-quatorze desservans pour les succursales emportaient ensemble 22 millions et demi; les vicariats et binages 2,250,000 fr.—Passe pour cette dépense, si tant est que l'État doive continuer à payer une religion, au lieu de laisser chacun soutenir la sienne. Avec l'indifférence à laquelle nous sommes parvenus, cela est peut-être de quelque utilité pour la morale. Mais cinq cardinaux, treize archevêques, soixante-six évêques, des vicaires-généraux, des chanoines, à quoi bon tout cet état-major pour l'Église? Il coûte 2,800,000 fr.; et quand nous ne donnerions qu'un million pour que les cérémonies catholiques soient entourées de tout l'appareil désirable, nous aurions encore dans notre sein trop de sujets ouvertement dévoués à une autre puissance que la nôtre.

L'instruction ecclésiastique allait engloutir 2 millions 600,000 fr. par an. Une immense pépinière était ainsi formée d'hommes enlevés dès leur enfance à toute idée de morale humaine, nourris de toutes celles de la superstition, façonnés à croire toutes les visions de leurs maîtres, ou, s'il leur restait quelque réflexion, à les proposer eux-mêmes plus tard à tout un peuple avec la conscience de leur absurdité. De telles écoles sont-elles bien importantes à conserver? Le gouvernement sentira sans doute la nécessité de les fermer, ou de n'en laisser qu'un petit nombre. Il faut à la religion de jeunes hommes instruits qui se sentent appelés par le Ciel à diriger leurs pareils dans les voies de la morale, qui s'y dévouent avec connaissance de cause. Comme cela, cette carrière est honorable. Comme l'ancien gouvernement la faisait, l'hypocrisie ou la stupidité seraient restées seules à la parcourir.

Deux millions 800,000 fr. étaient demandés pour faire les réparations urgentes aux édifices diocésains, aux églises, aux presbytères, en attendant que chaque commune pût les payer. Que cet usage reste pour conserver nos monumens, car souvent le temps perdu rendrait leur dégradation irréparable. Mais 2,500,000 francs, pour la prévenir ainsi, seront bien assez. 1,440,000 pour frais de mobiliers d'évêques et pour leurs visites pastorales, 220,000 de secours à des congrégations religieuses, 200,000 pour le chapitre de Saint-Denis, 305,000 pour dépenses accidentelles de prêtres auxiliaires sont à supprimer tout-à-fait. 1,200,000 francs de secours aux vieux curés et aux religieuses infirmes méritent peut-être un peu plus d'indulgence. Mais pourquoi donc mettre toute sces choses au budget d'un ministre au lieu de faire liquider les droits de retraite, et de les faire, par conséquent, inscrire aux pensions? Il faut que tout ne soit pas bien légitime, et je ne crains pas de dire qu'un million est probablement suffisant.

L'instruction publique absorbe 1,675,000 francs pour les colléges royaux et les bourses, et seulement 500,000 pour l'instruction primaire. Or, qu'a besoin l'État de faire apprendre, à tel ou tel qui n'aurait pas de quoi l'apprendre sans lui, le grec, le latin, la philosophie? Ce qui importe à l'ordre, à la tranquillité du pays, c'est l'instruction primaire; c'est que tous les Français, s'il est possible, sachent lire, écrire, compter; soient ainsi à même de connaître leurs devoirs et leurs intérêts, de n'être pas entraînés dans le mal par le premier ambitieux qui voudra leur en imposer. Ces connaissances là seules doivent être répandues aux frais de l'Etat, parce que leur propagation est pour la masse entière un élément de richesse et de tranquillité; mais toutes celles d'un ordre plus élevé, c'est à qui peut les payer de les avoir. Les mettre à la portée d'hommes destinés, par la position de leurs parens, à des occupations manuelles, c'est faire germer partout un besoin de déplacement qui est pour les imaginations comme la mauvaise répartition des impôts pour la partie matérielle des choses, une immense cause de malaise. Quelques bourses peuvent rester, pour ne pas laisser tomber du rang que lui a mérité son père, le fils d'un vaillant officier, d'un magistrat intègre; mais, pour récompenser ainsi quelques pères dans la personne de leurs enfans, il ne faut pas 1,675,000 francs par an. Renverser l'emploi de 2 millions, en mettre 500,000 francs à cet usage et 1,500,000 aux écoles primaires, voilà ce qui serait conforme aux besoins de notre corps social.

Reste à examiner la dépense de l'administration centrale des Cultes et de l'Instruction. Elle varie annuellement de 600 à 700,000 francs. Pour dire franchement ce que j'en pense, elle ne devrait rien coûter. L'Instruction et les Cultes étaient autrefois une dépendance du ministère de l'Intérieur. Pour bien faire, il faudrait qu'ils y rentrassent. Il est utile que les préfets s'en mêlent ; ils en ont le temps, soyez-en sûrs, et cette concentration dans leurs mains mettra un terme à des désordres qui, depuis plusieurs années, se sont très souvent renouvelés.

Récapitulons donc :

24,750,000 fr. pour les curés et vicaires.
1,000,000 pour les prélats.
2,500,000 d'avances temporaires pour les réparations d'églises, etc.
1,000,000 pour pensions.
2,000,000 pour l'instruction primaire et quelques bourses.
____
31,250,000 fr.

Voilà la totalité de la dépense qu'il faudra donner à diriger au ministre de l'Intérieur. L'établissement d'un sous-secrétaire d'état est venu à propos : il lui laissera pour ce surcroît d'affaires, toute la liberté d'esprit convenable.

Le ministère de l'intérieur marchait, il y a dix ans, avec 87 millions. Cette année, M. de Peyronnet en aurait exigé 110, dont 40, il est vrai, pour les ponts et chaussées, et 38,525,756 pour les restituer aux communes ; à cette restitution, il faut ajouter 40 millions pour des droits d'octroi, si, comme je le propose, on les supprime. On ne peut, quant aux ponts et chaussées, que leur demander, comme je le ferai plus tard, d'employer plus de fonds en travaux, moins en traitemens. Ainsi, nous aurons d'abord à voter, pour l'Intérieur (les Cultes et l'Instruction compris), un crédit de 149,775,756 fr., dont 77 millions seulement le regarderaient, sans l'administration des Octrois et des Cultes ; mais, sur ce qui nous reste à parcourir de ses dépenses, nous allons voir combien nous avions d'abus !

Une administration centrale de trois cent quinze individus, qui mangeaient entre eux environ un million 250,000 fr. Là dedans des secrétaires, des chefs de division à 20 et à 24,000 fr. Une multitude, la moitié du temps inoccupée, des chefs de bureaux qui, comme partout, au reste, ne paraissent que deux ou trois heures à leur poste, quinze cents voies de bois, 22,000 fr. d'éclairage, des loyers de tous côtés ! A un million, il resterait encore assez.

700,000 fr. pour les cultes chrétiens non catholiques. Là, pour le coup, il n'y a rien de trop.

3,500,000 fr. pour la construction et l'entretien des monumens publics. On trouvera peut-être qu'il faut attendre des jours d'abondance pour se livrer à des dépenses de ce genre. Il faut cependant songer aussi que moins les particuliers sont en état de le faire, plus il est utile et convenable de ne pas laisser sans moyens d'existence les ouvriers qu'une dépense si légère, en proportion de la somme de nos revenus, peut occuper. Il semble, d'ailleurs, que l'ancien gouvernement ait pris à tâche de commencer beaucoup et de ne rien finir. C'est le cas de faire le contraire, et d'offrir enfin aux étrangers, en poursuivant avec constance tout ce qui est commencé, l'imposant spectacle de monumens dignes d'une nation comme la nôtre, et non plus ces échafaudages, ces clôtures en bois pourri de vétusté, qui affligent de tous côtés les regards. Gardons-nous seulement de créer des bâtimens ruineux pour tel ou tel usage public, quand nous en avons de tout faits, aisés à entretenir, et plus propres au but à remplir que tout ce que nous pourrions faire. Ne cédons pas en cela aux intrigues des architectes, comme on le fait en ajoutant un terrain et des constructions immenses à ceux de la Bibliothèque royale, afin qu'elle reste au milieu d'habitations particulières, éternellement exposée aux incendies, tandis que le Louvre est vide, que son isolement convient si bien à un si précieux dépôt, et que la vente des terrains sur lesquels on s'apprête à construire ferait rentrer plusieurs millions dans le Trésor. Il est vrai que le déménagement des livres donnera quelques embarras. Quelle pitié de se laisser entraîner à une telle absurdité par de si frivoles raisons !

Les quatre académies coûtent 425,000 fr. Quoique l'émulation soit d'elle-même bien naturelle entre les hommes dont les travaux éclairent le monde , c'est certainement une dépense à maintenir que celle qui tend à l'augmenter encore. J'en dirai autant des encouragemens donnés aux sciences , des traitemens du Collége de France. Mais il y a probablement quelques abus dans l'Ecole Polytechnique, dans les haras, dans Alfort, dont les revenus ne se bornent pas à la subvention qu'on leur paie, et qui ne rendent point un compte exact de tout. Sans pouvoir l'affirmer, je serais disposé à croire que ces diverses natures de dépenses composant ensemble près de 6 millions , seraient, par un peu d'examen, facilement réduites à 4,500,000 fr, et les archives, qui coûtent 80,000 fr., à 60,000.

La prime pour la pêche de la morue a pris une singulière extension depuis quelques années ; elle a besoin , je crois, d'être examinée de près. Comptons-la toutefois pour 5 millions.

Les dépenses *secrètes* ne sont pas susceptibles de

contrôle. L'entretien des Quinze-Vingts, les secours aux colons et aux bureaux de charité sont à l'abri du reproche. La subvention aux quatre principaux théâtres est nécessaire dans un pays où la perfection des théâtres est un si grand attrait pour les étrangers. Mais, pour que cette subvention produisît tout son effet, il serait bon que les personnes avec lesquelles les relations des théâtres sont établies fussent enfin dépouillées des entrées gratuites qu'elles leur imposent. Ces cinq dernières classes de dépenses que je viens de dénoncer composent ensemble 4,140,000 francs. Les cours royales, les maisons centrales de détention, les abonnemens au *Moniteur* pour les préfectures et d'autres menues dépenses dont aucune ne peut s'éviter, coûtent et coûteront 4 millions 130,000 francs. Le traitement des préfets et leurs frais de bureaux ne seraient pas réduits sans inconvénient de plus d'un quart ; car telle est dans nos mœurs la prépondérance de la richesse, que celle même dont nous faisons les frais est nécessaire pour que nous respections nos magistrats. Mais ce quart devrait être ôté, quand cela ne servirait qu'à diminuer la soif des places. Payer des conseillers de préfecture n'est pas bon ; et quant aux sous-préfets avec leurs bureaux, je n'en comprends pas la nécessité. Il est si facile de suffire par les secrétaires généraux, soit à la correspondance de tous les jours , soit aux circonstances qui peuvent nécessiter la présence du préfet ou de son délégué sur un autre point du département que le chef-lieu ! En se bornant ainsi au nécessaire, les communes seront en rapport direct avec le préfet, ce qui vaut mieux, et l'on n'aura pas besoin de dépasser pour l'administration départementale plus de 5 millions de francs.

Plus haut il a été question de 40 millions pour les ponts et chaussées. Voici ce que je me réservais d'en dire :

Il se prélève ordinairement, sur cette somme totale, 3 millions de francs pour frais de personnel, dont 252,000 francs relatifs à l'administration centrale.

600 à 700,000 francs sont emportés par les télégraphes, dont l'administration centrale est vraiment exorbitante à 85,000 francs.

10,050,000 francs s'en vont en paiement d'intérêts pour les canaux, et en dépenses en participation avec des compagnies particulières ; 26,300,000 f. seulement sont consacrés aux travaux matériels que l'administration dirige. Augmentons ces travaux d'un million, toutes nos routes le demandent ; mais prenons-le sur ce personnel immense, dont le moindre inconvénient n'est d'ailleurs pas ce qu'on lui paie, mais qui, par la vanité presque toujours en jeu de chacun de ceux qui le composent, est un obstacle de tous les momens au développement de toute entreprise, soit publique, soit même particulière, si cette dernière a le malheur d'être sous leur surveil-

lance. — En traitemens de directeurs, de chefs de
bureaux, de conseils, d'inspecteurs généraux et di-
visionnaires, d'ingénieurs en chef, ordinaires, aspi-
rans, etc.; et enfin, en frais de tournée, il y a facilement plus que le million à reprendre.

Ainsi, 178,000,000 fr. environ doivent payer le
ministère de l'intérieur, en y comprenant les cultes et
l'instruction publique, et de plus remplacer dans les
communes la totalité de leurs octrois. Et la vente
qu'on pourra faire de l'hôtel et du mobilier du ministère des cultes, diminuera cette somme énorme, de
800 à 900 mille francs.

Je me sens trop étranger à toute connaissance
des opérations militaires de guerre et de mer,
pour pouvoir entrer dans les détails des MINISTÈRES
DE LA GUERRE ET DE LA MARINE. Nous sommes d'ailleurs
dans un temps où il serait bien imprudent, ce me
semble, de diminuer nos forces. Je passerai donc
pour ces deux ministères les sommes qu'ils absorbent, année commune, depuis dix ans, moins 7 millions que la suppression de la garde royale nous fait
gagner. Cela monte ainsi réduit :

A 170 millions pour l'un.

Et 55 millions pour l'autre.

Car le dernier, surtout, à côté d'un pays qui
nous est sous ce rapport si supérieur, doit être ou
réduit extrêmement s'il est démontré que nous ne
pouvons atteindre ce pays rival, ou poussé à tout ce

qui peut être utilement dépensé, s'il est possible de nous mettre en état de rivaliser avec lui. Sans cela, je ne connaîtrais rien de pis au monde que la situation de nos officiers et de nos matelots; certains, dans l'état où nous sommes, d'être accablés par le nombre, partout où contre cette puissance leur devoir les conduirait. Mais au ministère de la guerre, l'immensité de l'administration centrale, indispensable pour une si grande armée; la qualité des chefs de cette administration, pris dans les rangs des chefs de cette armée, et disposés par conséquent à favoriser leurs collègues d'état-major; les marchés à faire pour les habillemens, pour les subsistances, pour les armes, pour les fortifications des places, voilà trop de causes naturelles d'abus, pour que la Chambre des députés ne leur oppose pas l'investigation la plus sévère. Qu'il ne soit rien détourné des sommes destinées à faire la force du pays, le bien-être de ses soldats, voilà tout ce que nous pouvons demander. Ce que je suis en état de dire, c'est que cette immense administration centrale, dont j'ai parlé tout à l'heure, me paraît évidemment trop chère de 300 mille francs à peu près, dans l'état où elle se trouve actuellement.

Quant à la marine, outre le trop de dépense de son administration centrale, qui consomme entre autres choses 1000 voies de bois par an, et qui peut facilement se conduire avec 150 mille fr. de moins que maintenant, elle contient une administration de

vivres montée à part, de la façon la plus coûteuse
(513,000 fr. par an !), une administration forestière
qui en coûte 340,000, et devrait disparaître tout
entière tant que l'administration générale des forêts
maintenue, peut si bien être chargée de faire le
choix, l'achat et la livraison des bois qu'il faut, enfin
une caisse d'invalides à laquelle on livre 3 °/₀ du montant de toutes les dépenses, et qui, déjà arrivée à pos-
séder environ 200 millions, se trouve bien assez dotée
et ne peut être maintenue sans une véritable prodigalité. Voilà près de 2 millions et demi dont l'emploi sera meilleur à l'avenir. J'appellerai aussi l'at-
tention sur les manufactures de différentes espèces,
dirigées par ces deux ministères. Tout le monde fait
trop bien la différence d'activité et d'économie qu'il
y a entre l'industrie particulière et celle des agens
d'un gouvernement, pour que des manufactures ne
soient pas dans le cas ou de modifications importantes ou d'une suppression entière.

Le MINISTÈRE DES FINANCES est chargé de payer la
Cour des comptes qui emporte 1,200,000 fr. et ne
peut pas être diminuée; d'une dotation de 3,300,000
fr. à la Légion-d'Honneur, qui est dans le même
cas; de 1400 mille fr. pour les deux Chambres, sur
lesquels je crois facile de retrancher 200 ou 300 mille
fr. sans blesser en rien le décorum de ces représen-
tans de la nation. Il rend aux communes environ
25 millions, en primes à l'exportation 10 millions,

en escompte sur les droits du sel 1,400 mille fr., qui par la réduction de ces droits descendront eux-mêmes à moitié; en dégrèvemens à peu près 4 millions, en amendes et droits mal perçus près de 2 millions, qui par la suppression des contributions indirectes ne doivent pas être comptés pour plus de moitié. Tout cela n'est point matière à discussion; mais d'énormes dépenses peuvent disparaître dans les administrations diverses qui composent ce ministère.

L'administration centrale, qui s'élevait encore à 4,800,000 francs pour mille trois cents personnes malgré plusieurs réformes successivement opérées, est facile à conduire avec moins de 4,500,000, en examinant d'un peu près les traitemens du ministre, de ses directeurs et chefs de division, les chauffages, qui sont un objet de 200,000 francs, ou, comme on voit, cinq à six mille voies de bois, les fournitures de bureaux, qui vont à 270,000, les habillemens de gens et menus frais dont on n'est pas quitte à moins de 100,000. Les commissions d'indemnité et de Saint-Domingue ne devraient pas nécessiter de leur côté plus de 200,000 francs, et ces frais devraient d'ailleurs, en bonne justice, être pris sur les indemnités, ce qui nous permettrait de les effacer entièrement.

Le moins que les monnaies aient depuis longtemps coûté, c'est, d'une part, 440,000 francs pour l'administration, et, de l'autre, un million pour les refontes. Il y a beaucoup à gagner sur ces refontes, les anciennes espèces contenant beaucoup plus de fin qu'on ne croyait avant que la science de l'affinage fût aussi perfectionnée qu'elle l'est. L'Etat peut faire un autre profit fort important sur 2 millions environ que produisent aux directeurs des monnaies les 9 fr. par kilog. d'or et les 3 francs par kilog. d'argent, fixés par la loi du 28 mars 1803 pour la conversion de ces matières en monnaie de France ; car les procédés de fabrication sont encore ceux de l'enfance de l'art. Je pense donc que le million consacré aux refontes pourrait rester tout entier dans le Trésor sans qu'on fût obligé de les diminuer. Il est assez singulier d'être arrivé jusqu'à cette année sans avoir obligé MM. les directeurs de monnaie à avoir des appareils d'affinage et des machines plus en harmonie avec l'état de l'industrie.

La direction des contributions directes dépense ordinairement 21,300,000 francs environ, savoir :

5,000,000 f. pour le cadastre.

10,000,000 pour les percepteurs.

2,350,000 pour les receveurs particuliers et généraux.

650,000 pour frais d'avertissement.

3,300,000 pour l'administration centrale, les inspecteurs, contrôleurs, frais de bureau et de tournée.

Ce serait beaucoup si nous n'avions pas de si importantes modifications à faire dans les rôles de ces impôts. Mais si on les adopte, tout ce monde sera, contre l'ordinaire, bien occupé.

La direction centrale des domaines se compose de cent quarante personnes, dont quelques unes, telles que le directeur-général, le secrétaire, sont trop fortement rétribuées, et dont quelques autres, les administrateurs, sont inutiles. Avec 500,000 fr., on doit faire supérieurement ce qu'on fait payer 630,000.

Dans les départemens il y a directeurs et leurs commis, vérificateurs, inspecteurs et inspecteurs-généraux. Ces derniers ne peuvent que répéter le travail des vérificateurs. Ne pourrait-on donc pas supprimer l'inspection, et descendre ainsi d'une somme annuelle de 3,200,000 fr. à celle de 2 millions? La perception des domaines est payée en remises sur le montant des droits : cela coûte 5 millions 180,000 fr. Le matériel, papier et impression, ainsi que les frais de bureau des directeurs, s'élèvent habituellement à près de 800,000 fr. ; et le timbre, qui coûte 773,000 fr., occupe des garde-magasins dont l'inutilité est évidente, à côté des receveurs des domaines, puis un assez grand nombre de personnes et de frais superflus, soit au timbre de Paris, soit en province. Cinq millions en tout, bien appliqués, sont plus qu'il ne faut pour ces divers détails. Et si l'on effectue, comme je l'ai proposé,

4

la vente des propriétés du domaine, on obtiendra encore sur l'ensemble de cette direction une économie bien plus considérable que celle dont je viens de parler.

Les forêts ont aussi directeur-général fort cher, administrateurs sans utilité, vérificateurs, conservateurs, inspecteurs, sous-inspecteurs, etc. ; et tout cela mange 3 millions et demi qu'on ne peut guère diminuer que de 500,000 fr. dans la personne des inspecteurs, et dans le traitement de l'état-major. On voit ici combien il serait utile d'achever ces ventes de bois devant lesquelles on recule depuis tant d'années. Ces délais sont d'autant plus inexcusables, qu'il faudra bien des gardes et des régisseurs à une partie des acquéreurs des bois, et qu'ainsi les existences de tout ce monde d'employés ne seront que sous une autre influence, mais non perdues.

Dans les *douanes*, on trouve des receveurs principaux dont les receveurs de finances feraient, si on le voulait, la besogne; des inspecteurs-généraux et des sous-inspecteurs, par dessus les inspecteurs ordinaires. C'est là, ce me semble, un grand luxe. En faisant justice de ces deux abus, du gaspillage dans le matériel et des trop gros traitemens, nous conserverons pour 23,300,000 fr. une direction centrale de cent soixante personnes, et trente mille douaniers de toute classe. C'est beaucoup; mais tout en contribuant à la perception, ils doivent être bien plutôt considérés comme une sorte d'armée défensive. Or, du moment que les douanes sont nécessaires, cette armée ne peut être diminuée, ou sa ligne serait à tout moment franchie, et toute la dépense inutile.

Je n'ai porté en recette, pour les tabacs et poudres, que le produit net; je n'ai donc pas à parler ici des dépenses. Une fois qu'on a admis le principe du monopole exploité par le gouvernement, elles ne sont qu'à peu près ce qu'elles doivent être. Mais je demeure convaincu que si le gouvernement mettait en ferme ces deux monopoles, au lieu de les conserver en régie, l'industrie particulière saurait lui en tirer 4 ou 5 millions de plus; et tous ceux qui savent ce que c'est que des régisseurs, seront probablement de mon avis.

Au moyen de la suppression des droits sur le vin, et autres, nous ferons percevoir ce qui reste de contributions indirectes avec moins d'un million. Nous en dépensions plus de 17 !

Dix-neuf millions et demi sont ce qu'il faut aux *postes*, tant que l'on n'aura point imité les messageries, ou traité avec elles. Alors il s'économisera plusieurs millions. On s'occupe sans doute d'examiner cette question. Attendons.

La loterie peut s'administrer avec 3 millions de dépense entre les buralistes, la direction et les inspecteurs.

Le service de trésorerie devait coûter l'année prochaine près de 13 millions, dont

6,000,000 f. pour intérêts de bons des avances des receveurs-généraux ou des autres correspondans du Trésor;

5,600,000 pour bonifications de diverses natures aux receveurs-généraux;

1,330,000 pour les payeurs des départemens et de Paris.

Mais il est tout simple de supprimer ces derniers, dont l'existence n'est nullement utile, puisque les receveurs, à qui on alloue $^1/_4$ p. °/₀ pour se libérer, peuvent tout aussi bien qu'eux payer les créanciers ou les salariés de l'Etat. De la sorte, les dépenses seront réduites à ce qu'elles doivent être, et les receveurs-généraux à qui, dans l'intérêt du Trésor, il faut laisser de gros bénéfices, les conserveront, mais les mériteront par leur travail.

D'après tout ce que nous venons de voir, le ministre des finances coûte 138,700,000 fr.

La LISTE CIVILE est la seule dépense qui me reste encore à traiter. Il est question tantôt de 20 millions, tantôt de 12. On est bien d'accord, je crois, sur la nécessité de ne plus voir de cour qui isole le prince du peuple, qui l'entoure sans cesse d'une atmosphère d'oisiveté et de corruption. Il a dans les domaines de la couronne de quoi les entretenir avec la magnificence convenable. J'espère donc que c'est à

12 millions qu'on s'arrêtera, en y comprenant celles
des pensions de l'ancienne liste civile auxquelles une
respectable indigence ou de longs services don-
naient de véritables droits. — Si l'on ne veut point
de cour, il ne faut pas en payer.

RÉSUMÉ DES DÉPENSES.

Dette consolidée................... 207,831,000 f.
Caisse d'amortissement........... 41,665,050
Dette inscrite...................... 71,937,000
Justice............................. 14,000,000
Affaires étrangères............... 6,000,000
Intérieur, cultes et instruction
    publique......................... 177,300,000
Guerre.............................. 170,000,000
Marine.............................. 55,000,000
Finances............................ 138,700,000
Liste civile......................... 12,000,000
       Total................. 894,433,050 f.

Nos revenus montent à 882,600,000. Si donc
nous avons un déficit, il ne sera pas très fort, et nous
le comblerons en négociant les 865,050 fr. de rente
qui sont restés du crédit de 80 millions voté en 1828.
Puis, l'année 1831 passée, comme le département
de la guerre, et celui de l'intérieur, dans lequel sont
les frais du culte, devront être considérablement

réduits , nos revenus et nos dépenses se balanceront toutes les fois que des circonstances extraordinaires ne se seront pas présentées.

Il est vrai que, dès le mois de mars dernier, il existait un déficit bien autrement important ; il se composait de :

73,687,000 f. ancien vide dont le Trésor n'a jamais expliqué complètement la cause ;

89,216,000 dus par l'Espagne ;

50,513,000 dépenses de 1828 , contre lesquelles on avait créé des rentes ;

54,112,000 avance du Trésor sur la rentrée des impôts.

267,528,000 f.

Et il était couvert par :

94 millions de dépôts faits par les communes et par d'autres ;

33 d'avances de receveurs-généraux ;

144 plus ou moins de bons royaux.

Ce déficit se sera certainement beaucoup accru depuis six mois.

Mais en revanche il nous reste à négocier la portion du milliard d'indemnité que la liquidation des réclamations d'émigrés n'a, grâce au ciel, pas pu atteindre. Avec cet objet et les forêts ou domaines à vendre, nous devons commencer à être au courant.

J'ai bien vu quelque part que toucher au fond commun, serait un manque de foi; mais cette opinion ne serait soutenable que si tous les états fondés sur quelque apparence de justice n'avaient pas été admis. Comme le travail en faveur des émigrés a été fait avec une entière justice, et que, tout simplement, la demande faite par aperçu pour eux était apparemment trop forte, il n'y a rien que de juste et de naturel à rendre à la nation cet excédant. Jamais, de ce qu'un débiteur a trop apporté pour payer son créancier, il n'est résulté pour celui-ci le droit d'exiger tout ce que l'autre a cru par erreur lui devoir.

Ce qui se vendra de forêts ou de domaines viendra en sus, et l'on fera très bien de garder le moins de dépôts possible. Ces capitaux, sans mouvement dans la comptabilité du Trésor, rendraient bien plus de profit à la société s'ils étaient lancés dans la circulation, même par un mauvais emploi, et ce qu'il y a de dépôts et de cautionnemens obligés est déjà, sous ce rapport, beaucoup trop considérable.

Ce serait également un bien, que les receveurs-généraux n'eussent pas sans cesse au trésor d'aussi grands fonds particuliers; car ils ne se les font, pour la plupart, qu'en prenant, à un intérêt un peu moindre que celui qu'ils reçoivent, l'argent des capitalistes de chaque département, et il serait infiniment préférable que chacun de ces capitalistes fût obligé de

le faire valoir lui-même ou de le confier aux particuliers qui ont de la tête et de l'activité sans capitaux. Les provinces ne seraient point dépourvues de
numéraire, tandis que Paris en regorge. L'agriculture et l'industrie ne seraient pas, l'une dans l'état
arriéré, l'autre dans l'état de détresse, où elles se
trouvent. Quelques ministres ont exigé ces fonds
particuliers comme un supplément de cautionnement,
mais celui fixé par la loi doit suffire, ou bien il faut
le changer.

Il y a quelque chose d'analogue à dire des bons
royaux. Ce genre d'effets absorbe une nature de
capitaux qui ne veulent pas de rentes sur l'état,
parce que le prix de ces rentes varie avec la situation des affaires publiques ou des esprits, et qui pré-
fèrent cependant (avec grande raison, je l'avoue)
une valeur remboursable créée au nom de toute la
nation, à des effets créés par les plus solides particuliers. Cette facilité de tirer parti de ses capitaux
sans le secours de l'industrie, est un mal immense
pour la fortune publique qu'elle développerait, et le
remède le plus simple pour le faire cesser est de ne
plus donner de bons royaux que dans certains cas
d'urgence. C'est d'ailleurs dans la main des ministres un moyen beaucoup trop commode d'aller toujours de l'avant dans leurs entreprises, quelque con-
traires qu'elles soient aux intentions du pays. Nous
en avons vu un remarquable exemple dans cette

guerre d'Alger entamée en présence d'une Chambre, sans daigner lui en demander les moyens, en la renvoyant au contraire parce qu'elle ne l'eût pas approuvée, et en se reposant sur les événemens, du bill d'indemnité à obtenir. Les événemens l'ont justifiée. Mais ne pouvaient-ils pas tourner d'une manière entièrement opposée, et que faire après ? payer. — Sans doute une conduite pareille ne sera pas celle de la dynastie fille du peuple. Pourtant, à mesure qu'elle s'éloignera du jour de sa naissance, qui peut répondre des idées que lui donnera une longue possession ? Il faut limiter dans de si justes bornes un si puissant moyen de despotisme, que jamais il ne puisse plus produire de pareils résultats, c'est-à-dire enlever les capitaux au crédit particulier, et employer l'argent du peuple, soit malgré lui, soit contre lui. Vingt-cinq ou trente millions de bons royaux, et les économies que le trésor public doit toujours avoir devant lui, peuvent suffire en toute circonstance pour attendre la réunion d'une assemblée en état de voter une dépense. On ne devrait jamais en autoriser davantage.

Il y a au surplus à faire d'autres économies dont je n'ai point parlé. Par exemple, avec le contrôle exercé par des autorités municipales qu'auront choisi les citoyens, il me semblerait sans inconvénient de mettre les directeurs de domaines et de contributions et leurs bureaux, dans une division des bureaux de préfecture. J'ai déjà dit que le département de la guerre devra nous coûter bien moins cher à l'avenir, si nous avons le bonheur de conserver la paix ; et quand notre crédit aura repris son assiette, il faudra bien, quoi qu'en ait dit il y a deux jours M. le ministre des finances , n'employer à l'amortissement que sa dotation annuelle. Car avec les rentes rachetées, et qu'il veut interdire long-tems d'annuler, comme s'il était possible de lier ainsi toutes les Chambres à venir, l'amortissement appliqué aux 170 millions de rente en circulation est de 2 pour 100. C'est beaucoup trop. Le taux ordinaire adopté dans tous les pays n'est que 1 pour 100, ainsi que M. le ministre l'énonce lui-même pour les créations de rente à venir ; et si l'on veut réfléchir au petit nombre de marchés que l'État fait meilleurs en raison de l'élévation des rentes, on trouvera qu'ils ne compensent pas la perte à laquelle il se soumet en les raréfiant si vite.

Mais pour toutes ces réformes, il nous faut temps et patience. Voyons, en attendant, si le principe d'élection appliquée à l'administration des communes comme à la garde nationale, ne peut pas nous fournir, sans désordre dans les assemblées, et sans danger dans leurs choix, des députés vraiment émanés du peuple. Payer de son argent et de sa personne à la fois, c'est faire tout ce que la patrie peut attendre, ce doit donc être le plus incontestable de tous les droits politiques. Or, tout citoyen payant cette double dette, la garde nationale l'a dans son sein ; ne cherchons point ailleurs nos électeurs. Avec son organisation, la vérification des pouvoirs de chacun, la tranquillité des assemblées, deviennent faciles. Le grand nombre peut renoncer à élire des députés, pourvu qu'il nomme ceux qui exerceront ce droit pour lui. Le petit nombre qui se l'était attribué par un cens élevé ne peut arguer du manque de raison ou de droit de la masse qui le partage avec lui. Nous n'avons besoin que d'une précaution, celle de nous attacher à l'âge où la raison est dans toute sa force. Quelques jeunes hommes pourront s'en plaindre ; mais ils se rappelleront bientôt que l'âge n'est pas un privilége inaccessible, qu'on y parvient dans tous les rangs. Ils pourront remarquer d'ailleurs qu'ils ne sont pas exclus des choix, mais seulement du droit de choisir ; que la vieillesse qui affaiblit les facultés est traitée comme la jeunesse en qui la passion les rend aveugles ; enfin, que depuis que le monde existe, on n'a jamais vu, avant ce siècle, l'expérience repoussée comme un mal, l'inexpérience invoquée comme la seule planche de salut ; plus ils ont de sagesse, plus ils me pardonneront, j'espère, de ne m'être pas fait leur flatteur.

LOI D'ÉLECTION

POUR LA GARDE NATIONALE, L'ADMINISTRATION
COMMUNALE ET LA CHAMBRE DES DÉPUTÉS.

I.

Tout Français de vingt-cinq à soixante ans, domicilié, sachant lire, écrire, payant un impôt direct, et fesant partie de la garde nationale en uniforme, a le droit de concourir à la nomination des officiers de sa compagnie, du maire de sa commune, des adjoints et des conseillers de la mairie, savoir :

De 3 officiers par compagnie de 90 à 100 hommes ; de 4 dans les compagnies plus nombreuses.

d'1 maire,	1 adj.,	1 cons.,	dans les comm. de moins de 2,000 ames.
1	1	2	dans celles de 2,000 à 5,000.
1	1	4	dans celles de 5 à 10,000.
1	2	8	dans celles de 10 à 25,000.
1	2	16	dans celles de 25 à 50,000.
1	2	22	dans celles de 50 à 100,000.
1	2	60	dans celles au dessus de 100,000.
idem.	*idem.*	*idem.*	dans chaque arrondissement de Paris.

Tout Français de soixante à soixante-dix ans a le

même droit, aux mêmes conditions, moins celle du service dans la garde nationale.

II.

La garde nationale ayant élu ses officiers avant de savoir quel droit pourrait être attaché à leur grade, une réélection générale aura lieu immédiatement. Les officiers de chaque légion nommeront entre eux leurs supérieurs.

III.

Dans les communes qui fournissent plus d'une compagnie, chacune des compagnies représentée, comme on a vu à l'article I, nommera ses candidats à toutes les places municipales.

Dans les communes de plus de 25 mille ames, toutes les compagnies présenteront leurs candidats pour les places de maire et d'adjoints ; mais chacune d'elles n'en présentera que quatre pour celles de conseiller.

Sur les listes de candidats réunis, les officiers feront les nominations définitives.

IV.

La qualité de maire, d'adjoint ou de conseiller

municipal, sera incompatible avec celle d'officier dans la garde nationale. Elle dispensera, pendant toute la durée, du service de cette garde.

V.

Les officiers de la garde nationale, les maires, adjoints et conseillers municipaux nommeront dans chaque département le même nombre de députés qu'il a eu jusqu'à présent. Pour cela, ils se réuniront dans les chefs-lieux d'arrondissement où se sont tenus jusqu'à ce jour les colléges, savoir :

Les maires et capitaines seulement, pour les communes au dessous de 1,000 ames.

Les maires et adjoints, capitaines et lieutenans, pour celles de 1,000 à 2,000.

Les maires, adjoints et conseillers, les capitaines, lieutenans et sous-lieutenans, pour celles de 2,000 à 5,000 ; au dessus, les corps municipaux et les corps d'officiers tout entiers.

Dans toutes, tous les officiers supérieurs de la garde nationale, et tous les hommes âgés de soixante à soixante-dix ans.

Tout Français élu député par un collége d'arrondissement ainsi composé, a, sans distinction d'âge ni de cens, le droit de l'être.

VI.

Les maires des chefs-lieux d'arrondissement, réunis au chef-lieu de département, nomment dans chaque conseil de préfecture la moitié de ses membres.

VII.

Toutes les élections ont lieu à la pluralité des voix. Elles sont affichées quinze jours d'avance, et sont faites pour cinq années.

PRINCIPAUX CHANGEMENS DANS LES IMPÔTS EXISTANS OU PROPOSÉS.

Tous les octrois sont supprimés. — Il sera laissé à chaque commune sur ses contributions directes une somme égale à ce que son octroi lui produisait.

Les droits sur les vins, cidres, transports et voitures, sont supprimés.

Les droits sur le sels sont réduits à 15 francs le quintal métrique. Il n'est plus accordé que trois mois de terme pour le payer.

Les revenus fonciers seront uniformément taxés à 15 pour 100 dans tous les départemens.

Chaque contribuable ayant ouvriers ou domes-

tiques, paiera, outre son personnel, pour chaque ouvrier un droit personnel égal au sien, pour chaque
domestique un droit double.

Les tarifs des patentes seront rectifiés.

Pour tous ceux qui ne paient ni foncier ni droit
de patente, le mobilier sera porté à 15 pour 100
sur les loyers multipliés par 6, par 8 ou par 10, suivant la classe où sera placé son prix.

Pour les artistes, il ne sera pris que 7 $^{1}/_{2}$ p. 100.

Le désir de prouver que mon système d'impôts
pourrait suffire, et celui de faire à peu près tout
connaître à ceux de mes lecteurs qui ne s'occupent
pas habituellement de nos budgets, m'ont forcé de
parcourir les dépenses, et les hommes voués dans
cette étude y auront rencontré des observations qui
pour eux ne sont neuves, puisqu'on satisfait dans
ce moment même à quelques unes.

Je prie ces connaisseurs d'excuser ma prolixité.
Qu'ils n'aillent pas surtout me prendre pour un ré-
volutionnaire, parce que je parle d'un système d'élections et d'impôts plus favorable au grand nombre.
Malgré toute la pitié que me faisait le dernier règne,
j'aurais, je crois, préféré la patience à un si énorme
bouleversement, parce que je crois que le temps
finit toujours par amener les réformes. Mais plus
la révolution me fait peur, plus je voudrais qu'on
en prévînt une nouvelle, et, je le répète, tous
ces impôts indirects qui \créent à chaque pas en

France une douane entre ses habitans et même chez eux, m'ont toujours paru une des plus grandes causes de soulèvement que nous ayons. Ils peuvent, comme l'a dit un ministre, être, plus que les autres, du goût des grandes villes; car pour les riches rien de si commode. Mais descendez. Pour qui produit et a besoin de vendre, c'est une insupportable entrave; pour qui consomme sans savoir ce qu'il paie et le droit politique qu'il acquiert, c'est une véritable déception. Un privilége politique donné à l'argent qui en a tant d'autres n'est pas une chose moins choquante. Fermez les clubs, empêchez les affiches, cela fait passer le temps. Mais vous n'attaquez là que des symptômes; c'est la cause qu'il faut guérir.

L. G.

IMPRIMERIE ET FONDERIE DE J. PINARD,
RUE D'ANJOU-DAUPHINE, N° 8.